AF295411

TRYCKSVÄRTA SOM NÄRING

EN DIKTSAMLING

SKRIVEN AV

ROBERT VASZI

(editerad upplaga)

Boktitel: Trycksvärta som näring
Bokomslag: Robert Vaszi
Författare: Robert Vaszi
© 2018 Robert Vaszi
Typsnitt: Times New Roman
Förlag: Books on Demand, Sverige
Tryck: Books on Demand, Tyskland

ISBN: 978917699905

"Till mina kära… och alla ni andra,
som nu är på sidan fem. Fortsätt med
glädje framåt."

TRYCKSVÄRTA SOM NÄRING

Alla de dikter,
alla de böcker,
alla de ord som vi ej förstod.
Vi tog dem för givet, ord för ord.

Kunskapens träd; en bok.
Vänder blad och upptäcker bedrifter,
skrivna av geni, dåre och tok.
Pamfletter, noveller och heliga skrifter.

Spår från människohänder.
Trycksvärtan sätter sina spår.
Och se vad vi till framtiden sänder.
Människa du tvår dina händer.

Om du bara hade kunnat läsa, mellan
raderna,
hade du kunnat bli en av barderna.
Men som den godtrogne läsare du är,
märker du inte hur trycksvärtan
fördunklar din atmosfär. =>

Siare och profeters ord, framdukade på
naturvetarens bord.
Dissektion, amputation.
Från ord till handling, förvandling.
Ord står mot ord.

Trycksvärta, ordets makt.
Människa, se upp, var på din vakt.

EN DIKT, EN BIKT

Vad är dikter utom mer än ord.
Mycket för en själ som törstar.
Men ack så lite för dem som ej
har bröd på sitt bord.

Den fattiges lott
utan jobb eller skola
får han gå hemma och gnola.
Sträcker ut en tanig hand
undrar om han ska få en smula
av de som har det gott.

Med ryggen krökt och med mössan
i sin hand
letade han efter sitt levebröd
ja, han försökte, i detta land
och nu är han död.
Han vågade inte protestera
och han kunde inte skriva om det som
han tyckte var fel.
Han hade gikt och hans rygg var stel
och till sist orkade han inte mera. =>

Frun skrev en kärleksdikt till honom
där han låg på sin bädd
Han somnade in utan att vara rädd.

OSKYLDIG

En penna och ett oskrivet blad,
oskyldiga äro de.

Ett ord på ett ark, oskyldigt äro det.
Ord samlade till meningar på många
ark.
Oskyldigt samlade till en bok.

En bok, oskyldigt står den bland många
i ett bibliotek.
Nedplockad från sin hylla ligger den
oskuldsfullt i någons hand.

Och när boken har blivit läst och åter
ligger på sin oskuldsfulla plats, så har
den gjort sin plikt.
Om sedan skuld finnes så ligger den
hos människan.

DASS Kapital

Makt, pengar, ära,
slåss för kapitalet min kära.
Kyss arslen och gå på knäna.
Karriäristens bana,
jag vill ha mera, jo tack.
Högt man håller materialismens fana.
Släng ut slödder och pack,
och låt dem mot dollar på benen sära.

Aktier, dollar och pund,
byggklossar för de rika.
Sitt du skabbiga hund,
tror du vi är jämlika.

U-lands barn blir tigerns föda,
för oljebolag är de endast en börda.
Civilisation, tjugohundratal,
 Eu-korruption och skandal efter
skandal. =>

Stöveltramp, soldater på led.
Retorik från en maktelit,
säger, ni ska slåss för demokrati och
ära.
Ja hjältar vad ni stred, på ängar, i
dynga o i skit.
Ja ni dog för saken, vad mer kan man
begära.

HUMANIORA. DOT. COM

Siffror o tal i statistikens sal.
En myriad av information.
Vi har alla blivit debet och kredit,
i massproduktionens bal.
Dansa efter dess pipa,
 köp o sälj,
svälj,
 din stolthet och sluta lipa.

En förbrukningsvara du är,
med ”bäst före”
skrivet på din tröja.
Ja vem kommer dig att sörja,
du som en gång smorde
 maskineriet,
i ditt anletes svett.
Javisst är livet en djävla sörja,
när endast kapitalet har rätt.

Humaniora, ja skåda
när vi endast tar hand om ”de våra”.
=>

Kapitalet säger att vår lott,
är att leva i överflöd.
Pärlor till svinen,
och bacon stekta i flott.
Ett skådespel i nöd.
Ja, du dog under baldakinen.

GENERAL, GENERAL!

Generaler, män med paljett fyllda bröst
som trånar efter makt.
General! General! du gormar och svär,
skyldra gevär... givakt!
Och när reveljen går så tappar ni allt
vett och sans.
Hur kan vi då få en värld i balans.
Med stöveltramp och med vapen i
hand,
marscherar ni mot främmande land.
Svält och hungersnöd följer i era spår,
vet ni inte åt vilket håll det går,
när ni skövlar fält och ingenting sår,
hur tror ni moder jord mår.
En stympad hand, ett barn som blöder.
Öga för öga, tand för tand.
Varför slår ni ihjäl era syskon, era
bröder.
Generalen säger: Forcera, massakrera,
för all ära och guld vi fått.
Och kapitulera, endast inför
liemannens schavott. =>

Änkan gråter där hon går bland de
döda.
En gång var det här en blomsteräng,
där barn sprang, skrattade och åt glass
med maräng.
Nu jagar schakalen där sin föda.
Generaler! kliv ner från era höga
hästar.
Kalla hem era bestar.
Byt geväret mot en plog,
 för det är dags att så.
Se barnet, och förstå
 att vi har fått nog.

 Soldat, du gråter,
du har kommit hem.
Men är det någon som förlåter.
Så mycket smärta, som kommer åter.
Drömmar från blodiga ängar.
Styckade kroppar i blodiga sängar.
Och du som bara lydde order. =>

O´ve dig, du general!
som stal, liven från tusental.
Vem sörjer dig nu, general?
Vem vattnar blommorna på din grav?
Har alla givit sig av?
Inga tal,
bara tystnad. *Tystnad.*

UNIKUM
"Teatermänniskan"

Människa...
du gråter, du älskar,
du skrattar, du förlåter.

Människa...
ditt liv är en teater.
Adam och Eva som fader och moder.
Vill du ha en broder?
Använd papper och klister.
Kulisser och statister.
Människa ditt liv är en teater.
Skratta och gråt över dina synder och
later.

Människa...
Fastän du är så liten på denna jord.
Använder du så stora ord.
Varför, då du blott är ett kvalster, ja en
smula på guds bord. =>

Människa...
var är ditt manuskript!
Spelar du på gehör, utan regi?
De e klippt! Gör sorti!

Människa...
ni skriker, ni vill synas, ni vill höras.
Stort är ert skådespeleri, säger ni.
I kortege ni vill framföras.
Applåder och stående ovationer.
Ridån går ner, blommor och
gratulationer. Slutstation...
Krematorium.

PENNAN !

Du magiska stav som sätter tankar
och funderingar på din yttersta spets.
Och gör dem till symboler och tecken
för mänsklig existens.
Ja, vad vore livet utan dej.
Och vad det oskrivna bladet skulle
känna sig ensamt, naket och övergivet
utan din beröring.
Och tänk dig de tårar som aldrig föll
för att romanen aldrig blev skriven.
Jaa, du penna med ordets makt, du
som bugar ödmjukt mot teleprintrar
och datorer. Ja du vet, att här behövs
ingen el.
Bara en hjälpande hand.

Morgonrodnad & Honungsdagg

Läppar formade till en kyss,
läppar fyllda av åtrå.
min kropp, din kropp,
mina läppar, dina läppar
min hud, din hud,
min morgonrodnad
din honungsdagg
och när de möts dör rosen av avund.

Min hunger du lindrar
min törst du släcker
jorden skälver och månen reflekterar
ditt ljus.

Din skönhet bländar, paralyserar,
 påfågeln rodnar i all sin prakt.
 Näktergalen bugar ödmjukt och
sjunger endast för dig.
Ögon tindrar, det är en stjärnklar natt.
En stund av lycka. =>

Månen hälsar gryningen och tackar för
sig. Solen värmer och rosen klär upp
sig, tagg för tagg.
Morgonrodnad och honungsdagg.

ÄNNU DOFTAR ROSOR

Ännu doftar rosor
ute på en blomsteräng.
Ännu sover barnet så sött, så tryggt
i sin säng.
Ännu lyser solen
och smeker din kind.
Ute på åkern springer en hind.
På havet... vågor.
En segelbåt kryssar, letar vind.
Par går hand i hand.
Kyssar... Hjärtan står i lågor.
En man plockar en ros.
En hund sträcker fram sin nos, och
luktar.
Kvinnan skrattar, mannen suktar, vill
ha en kärleksdos.
Mannen trånar efter kvinnans kropp.
Ännu doftar rosor, och inger hopp. =>

Ännu porlar bäckar små.
Vattendroppar på gröna blad.
Fåglar sjunger en serenad.
Och en dag ska vi alla gå.
Till en plats där rosor ej förgå.

VÄGEN DU GÅR

Vägen du går
kan vara krokig och lång.
Men istället för att bli bitter å vrång,
ta ton, sjung en sång.

Vägen du går
är både kantad av glädje o sorg.
Ja livet är skört, som äggen i en korg.

Vägen du går
i mörker och i ljus.
Spår du sätter i jord och grus.

Vägen du går
har också andra gått.
Avtryck lämnade, ämnade,
som vägmärken.
 Kanske har de sått,
så att du kan skörda och få det gott.
Kanske.
Kanske hade de för brått. Glömde
lämna något kvar. =>

Kanske har vi inte förstått, att vägen vi
går, år efter år,
aldrig tar slut, bara vi.

"KÄRLEKEN ÄR..."

... En doft, en smak, en smekning så
len.
Som solen den värmer dina bara ben.

... En kraft, en berusning, av lycka så
skön.
Som när biet söker nektar, hörsammar
blomman hans bön.

... Som en smekning av vinden när den
fångar ditt hår.
Där du springer på ängar, eller vart du
än går.

... Som fågelungen med bräckliga
vingar. Trevar sig fram,
osäker och rädd.
Upp till skyn hon svingar, till molnets
trygga bädd. =>

... En känsla så klar,
men ibland så fel.
Om inte det inre räknas, vad är då kvar.
Köttslig lusta, beröring och kel.
Naken hud, en yta, en kropp så bar.

... Det finaste som finns.
Äkta den går ej att köpa, ej heller att
fås.
Om den inte kommer från hjärtat, den
vill förgås.

" EN MING VAS "

Två himlakroppar virvlade runt i en
parningsdans.
Skvätte stjärnstoft omkring sig, de var
som i trans.
De födde en Super Nova.
Månen fällde en tår av lycka,
 åt denna guda gåva
Så var hälsad sköna mö.
Du som kommen är ur
kärleksblommans frö.
Kommen ur livet, är du nu livet.
Som en Ming vas så skör och så
dyrbar.
Med kärlek och värme de ska fylla dig,
mor och far.
Nu söker du dig till moderns bröst och
får di.
I morgon söker du tröst för att åren
drar förbi.=>

Men innan dess kommer våren när du
liksom fjärilen,
kommen från puppa vill flyga och vara
fri.

SKRATTANDE BARN

Skrattande barn,
en stund av lycka.
Skrattande barn,
tårar av glädje min kind får smycka.

Skrattande barn,
värme och ljus.
Ett hopp om frid och lycka,
i var koja o hus.

PENNAN (II)

Med ord kan du få oss att skratta eller
gråta, hata, älska och förlåta.
Du synlig gör våra tankar, idéer och
later o laster.
På gulnade ark, register, kontraster.

Bland kungliga sigill rör du dig med
visioner, som kan ena eller splittra
nationer. Ja den makten har du, men
bara med en hjälpande hand. Utan kan
du bara göra skada om någon trampar
på dig.

INGEN HÖR (när ett Bi gråter)

Ingen hör, ingen känner.
Jorden bränner, en blomma dör.

- Bi du gråter, över svunnen vän. Med
öppna blad tog hon dig till dukat bord.
Men du förlåter, att hon vände åter,
tillbaka till moder jord.

- Blomma du gråter, din vän flög förbi,
flög bort och kom aldrig åter. Men du
förlåter, och tackar för en ny
blomsteräng.

HJÄLTAR OCH DÅRAR

Hjältar och dårar,
    vad skiljer er åt.
    Änkor i tårar,
    vem av er sade förlåt.
Hjältar och dårar,
    marschera i takt.
    Röster som lovar,
    ära och makt.
Hjältar o dårar,
    vem är slav, vem är fri.
    När mästaren ringer i klockan,
    vem säger nej, gör sorti.
    Inte nickedockan.
    Blod är blod, tårar är tårar.
    Det rinner lika, på hjältar som på dårar.
Hjältar och dårar,
    vad skiljer er åt.
    Ty tider har kommit och tider har flytt,
    och allt ni gjorde, ja allt ni gav.
    Om det något betytt,
    doftar blommor på er grav.

NÄR ÄNGLAR GRÅTER

När Änglar gråter
faller regn, faller skugga.
Men solen kommer åter,
om de oss förlåter.
När änglar gråter
är det av glädje för att du kom,
och med sorg för att du gick.
Människa var glad för den tid du fick.
Och välkommen åter.
När änglar gråter
faller ljus , faller skugga.
Tänder ett ljus... förlåter.
Kärleken vänder åter.
Torka bort en tår...det kommer en
vår...då du åter kan sätta segel och
lämna din brygga.

EN HYLLNINGSDIKT TILL VÅREN!

Du värmer min kind
Du smeker min hud
Du stillar mitt sinne, i doftande
blomsterskrud.
Du giver mig ljuv musik
i koltrast o näktergal sång.
Du skänker mig ro och harmoni
och vågors mjuka gång.
En sval vind fångar mitt hår,
det är vår.

VÅRDIKT

Först var hon "over there" och nu är
hon här.
Hennes namn är Våren och vi håller
henne så kär.
Med ett leende sprider hon ett budskap
om att skönare tider är i antågande.
Tid för födelse, tid för sådd , tid för
knoppar att brista ut.
Tid för att bli förstådd.
Vingslag, en mås. Vingslag, en trut.
Storken guidar henne genom öppna
landskap, vitsippan niger och ler.
Koltrast söker maka, vill bilda familj,
bli fler.
Näktergalen stämmer upp till sång.
Orrspel.
Påfågeln viker ut sig i all sin prakt.
Solen hennes följeslagare är, smeker
våra sinnen, än här än där.
Kärlekspar går hand i hand.
Barfota barn på gyllene sand. =>

Ja, en så skön atmosfär, en tid av
jordgubbar och andra små bär.
Vår, du älskade! Stanna! bliv! Försvinn
ej, ty vi håller dig allt för kär.
För du är:
Tid för kärlek, tid för värme, tid för
sång.
Tid för rosendoft och kaprifol.
Spelmän i folkdräkt med knäppta
västar och fiol.
Spel upp! Spel upp till allsång.
Knätofsar och långkjol, nu stundar åter
dans.
Ja, var hälsad sköna mö.
Strö stjärnstoft och kärlekens och
fredens frö.
Kom med ditt solblekta hår, kom, du är
vår.

KYSSEN

Ack du söta
med läppar röda som bär
tänk om de mina kunde möta
vore då inte himmelriket här
Ack du välsignade kyss
vart blev du av.
Du kom, du gick, ja du var här nyss.
Ja, vart blev du av
du ljuva kyss .

FLODEN!

Floden stillar ditt sinne
med sitt smutsiga vatten.
Den tvättar din buk
och renar dina tankar.
Floden sköljer ditt linne
och den glittrar av månljus om natten.
Jag ger den liv på min duk.

ACK DU SKÖNA!

Ack du sköna
hal som en ål
dig vill jag beröra
ty det är mitt mål
så fly ej din kos
utan stanna en stund
och var min lilla ros
tills sömnen kommer med John Blund.

VY FRÅN MIN BALKONG

Gula blommor på mitt fönsterbleck
I solljus och i skugga.
En skata pickar i gräset, flyger och är
väck.

SOMMAR (Ett vykort till Elinor)

Gula blommor på mitt fönsterbleck
i solljus och i skugga.
En skata pickar i gräset och är sen
väck.
Blunda och må bra
för solen lyser och värmer.
Det är så det ska va.
Du sover så sött, så tryggt,
i din barnasäng.
Ännu doftar rosor
plockade från en blomsteräng.
Ännu är det sommar
och solen smeker din kind.
Ditt hår fladdrar till,
en midsommarvind.
Ett leende, du är i topp.
Ty ännu doftar rosor
och inger hopp.

BOKEN

Du döljer hemligheter för mig. Jag vill
att du öppnar dig... förför mig... och
låt mig få försvinna in i din sagovärld.
Jag vill ta dig... ord för ord.
Du ger mig en mening... att ströva
vidare... på djupet... Låt mig få sjunka
in i dig och försvinna i tid och rum...få
hungern mättad och törsten släckt med
bevingade ord från källan av ditt
ordförråd.
Din trycksvärta ger näring åt min
fantasi. Dina ord blir levande och får
en mening.
Och när jag kan dig, vill jag citera dig.
Och jag vill ej komma till den mening
som säger att nu är det slut, nu finns
det inget mera. Vill inte ställa dig åt
sidan... och börja på en ny.
Jag minns... du var ett kapitel i mitt liv.
Jag minns... att du var inbunden och
full av liv. Jag minns dig som igår.

BILEN !

Du vidunder av plåt och krom som
spottar och fräser med en andedräkt av
svavel och bly. Symbol för frihetens
bojor. Så rullar du fram på slingriga
vägar, pustar och stönar efter mer att
dricka.
Rostar och faller ihop, om du inte får
lite ömhet och vård.
Och kanske ibland en översyn av
bränslepumpen.
Precis som vi människor

FÖRFATTAREN

Du naglar dig fast vid ditt vita ark av
svettpärlor och prestationsångest.
Pannan djupt fårad. Pennan klibbar i
handen och bläcket rinner ut i floder av
förväntningar. Mörkret faller och den
lilla bordslampan kommer åter till
användning som så många kvällar förr.
Timmarna går och blicken blir suddig.
Meningar rinner ut i periferin. Kaffet är
kallt och cigaretten tar sin sista suck i
askfatet. Ihop-skrynklade tankegångar
ligger begravda i papperskorgen.
Högar av vita oskuldsfulla blad ligger
och väntar på att bli betäckta och få
föda dig underbara noveller. Pennan är
vass, brainstorm och mindflowing. Du
spottar ur dig minnen från barndom
och historia från fornstoradagar. Även
fantasin och en flaska Chianti får vara
med på ett hörn. =>

Gryningen gror medan du snarkar i
vinrusets ljuva sömn. Blir väckt av en
galen tupp som tycker att sömn är allt
för stor lyx att slösa tid på. Hett kaffe
och ett fat gröt ger ny näring åt nya
frustrerade timmar vid skapandets
altare. Drömmen lever dock vidare.

NI TAPPRA FÅ (del 1)

Med pennan i min hand och min kära
vid min sida
Oh Gud ! jag önska ej mera.
Större makt jag ej begära.
Guld o Silver, Patroner o Adel gärna
får bära.
Själv vill jag stöpa hjärtan i honung o
ingefära.
Störta Tyranner doppade i tjära.
Ni tappra få.
Konstnärer och humanister
som på er post stå.
Och med raka ryggar
ni för ingenting skyggar.
Och när åskan går,
plöjer bonden och sår.
Soldaten fick nog, gjorde om kanonen
till en plog. =>

Humanism, solidaritet,
lycka å frihet, ja tack.
För societet, ers höghet
är vi bara pack.
Så skörda min broder,
tacka vår jord, vår moder.
Bjud in dina grannar i norr o söder
krossa kackerlackan under din sko,
arbetaren blöder.
kärlek, hopp och tro,
kan alla få.
Så länge de finns,
så länge de finns.
De tappra få.

TÄNK

Tänk dig ett krig,
dit ingen kom.
Tänk dig en äng,
som slapp se en stympad kropp.
Bara tusenskönor som slår knopp

LIVET OCH DÖDEN (par i bojor)

De vandrar tillsammans, genom tid och
rum. Hand i hand, närda av varandra
genom ödets navelsträng. Ständigt i
behov av varandras närhet. Som
mörker och ljus, par i bojor utan att för
den skull bli grå och ljum.

HISTORIA

Historia
svarta plumpar med stänk av skinande
gloria.
Nostalgi och drömmar ristade i sten.

FATTIGA RIDDARE

Hans rustning är sliten och nött, den
skiner ej längre som förr. Hans lans är
bruten och skölden är bucklig och tål
inte många stötar till. Han tycker att
något är dött, där han går från dörr till
dörr. Erbjuder sina tjänster så som förr.
Fastän åldern har tagit ut sin rätt, så
slår hjärtat fortfarande ett slag för
godhet och moral. Det har det alltid
gjort i hans ätt. Då de letade efter "the
holy graal". Så även om hans svärd har
förlorat skärpan på sin egg, så är hans
tunga fortfarande vass. Och biter på
både drakar o drägg. Tiden har flytt
och så även gamla vapendragare.
Några har gått över till andra sidan.
Syster kommer med hans medicin och
säger att frukosten är serverad. Det ska
bli fattiga riddare. =>

Han sadlar sin springare, en rollator av
äldre modell, svingar sin käpp som
tappra få.
Och på darriga ben jagar han drakar,
nu som då.

EN SKAPELSE
(kort version)

Hur vemodigt är det inte att skapa, när
man vet att allt en dag kommer att
brytas ner, raseras, av de som ingenting
annat vill. Ord förvrängs och tolkas
efter behag. Vad som en gång var
original byts ut mot gråa kopior. Bilder
retuscheras, och minnena av det äkta
trubbas av. En målning dör i
skugglandet medan en annan ser
gryningens ljus. Varför spelar en
symfoni för döva öron? Ett barn
skriker av hunger någonstans på denna
jord. Själv har jag mat på mitt bord,
men själsligen svälter jag när jag
saknar ord. Ur kaos kom människan.
Och dess kusin satte man i bur. Är kaos
människans rätta natur?
Moder Natur skapar och raserar, sår
och bygger nytt, utan några baktankar.
Hon bara är, som universum med sina
galaxer. Hon ser det stora i det lilla och

hon ser oss sjunga lovsånger om
materia.
Knoppar brista och gammalt lämnar
plats för det nya, det ofödda. Som
löven en tidig höstmorgon då de gör
sig beredda likt fågelungar , få sväva
fritt.
Vi lever blott en stund. I universum
blott en sekund.
Vi har en historia. Och den föddes ur
ingenting.
Kanske kan vi bevara, försvara... den.
Eller så retuscherar vi... raderar...
utraderar... kanske.
Jag har skapat och använt många ord.
Men jag undrar fortfarande om det
hungrande barnet fick mat på sitt bord.
Kanske...

EN BRUNN AV TÅRAR

Han som ger ett törstande barn något
att dricka, är han inte värd att ha en
brunn med det klaraste vatten?
Och han som delar sitt bröd med ett
barn som svälter och är i nöd, är han
inte värd en bördig mark som ger riklig
skörd?
Och när han som bjöd in till sitt bord
ligger under jord.
Är han inte värd brunnar av tårar som
vattnar blommorna på hans grav. Ty
han gav och lät ej ett barn gå före
honom till den eviga vilan.

FRAMFÖR TV: n !

Fåtöljen är sliten och av kaffet återstår
bara sump. Det ihop-skrynklade
cigarrettpaketet ligger slängt på den
gröna heltäckningsmattan. Katten dåsar
i ett hörn av soffan Elsa, IKEA anno:
1987. Känslor av tomhet, vakuum och
bottennapp. Ölburkar skrynklas ihop av
valkiga händer. Fortfarande törstig.
Flottiga fingrar zappar på
fjärrkontrollen. Zapp zapp zapp fram
och tillbaka. Pizzan är kall och
oaptitlig som nyheterna med vädret.
Sitter kvar, söker efter spänning och
innehåll. Som livet. Lurad.
Sitter fortfarande kvar. Hör skratten
och gråten välla ut ur TV-möbeln. Den
får en att känna sig mindre ensam och
övergiven.
Sent, myrorna har börjat sin inmarsch
på TV-skärmen. Katten snarkar på
soffan och det är några få timmar kvar
till gryningen. Klick. Zzzz ….

JAG EN MÅLARDUK!

Du stirrar på mig med undrande blick.
Jag undrar också. Vad tänker du göra
med mig? Jag som är oskuld och vit
som snö. Kommer du att göra mig grå
och trist? Eller vill du låta fantasin
skena iväg med dig och klä mig i
regnbågens alla färger? Kommer du att
ta mig hårt och aggressivt? Snabbt på
och sen är man ett avslutat kapitel,
eller tänker du smeka min nakna kropp
länge och väl, låta fingertopparna
massera min knottriga hud? Ja dränk
mig i dyrbara oljor och klä mig i
blomsterskrud. Ja gör det, gör vad du
vill. Bara du tar mig, älskar mig, förför
mig. Ja förför dig själv. Bara du ger
allt. Allt, allt, allt.

DIKTER PÅ ENGELSKA

POEMS ON ENGLISH

58

HERO OR FOOL

Hero or fool
What is to be
a masters tool
or footloose and fancy free
Who is the hero? Who is the fool?
Ring the bell and you will se
Who is the hero, who is the fool
A choice, or the masters voice
You lucky few, here to be
nor master, nor slave
who is the brave
who is laying in the grave
Hero or fool, who can se.

CRY SOLDIER CRY

Cry soldier cry, if you pull that trigger.
Want to be a gravedigger? I wonder
why?
So many flowers this meadow once
had.
And now, painted red,
our master turned mad.
A river of blood now colour this bed.
Ooh, we lost what we once had.
Cry soldier cry, when the war is over.
And ask yourself, where are all the
fields of clover.
Wear the willow…in the
meadow…that aren't no more.
Widows weep among the dead,
because of one man, on a high horse,
lost his head.

CHRISTMAS DELIGHT

From green to white.
Se the snow.
Flowers below,
are out of sight.
Christmas tree,
time to glow.
Santa is coming,
to high and low.
A star so bright,
lights up the sky.
Angel of light,
don´t cry... it´s Christmas delight.

RINPOCHE

You sailed the mountains
and the valley below.
You came with the winds of change.
Thru time and space
and distant lands
you came to this place.
But you can´t stay, you say.
You have to go.
To the mountains and the valleys
below.

THE PATH (of life)

Life…a journey thru time and space.
Destiny…who will know, who can tell.
Step by step, footprints in the sand.
Your path is yours to go.
Alone or hand in hand.
Say hello…say farewell.
A crossroad…a choice.
Listen to your heart.
A voice, forgotten by many,
remembered by few.
Set sail ! Your path is yours to go.
Love will guide you through the mist.
To the promised land of milk and
honeydew.

RIVER DEEP
River deep,
mountain high.
When time comes,
when we die.
Between, we shall sleep.

LIFE
Hand in hand, they go, life and time.
Like the ink and the paper,
searching for a purpose to make
history.

NO WALLS
No walls, no borders, no colour of
race.
Can stop love, when it comes from a
heart,
full of grace.

LOVE IS…

(Kärleken är…)

Love is… a scent of roses, a caress so
sweet.
Like walking on cotton with bare feet.
a power, aroused by beauty and
happiness.
Like the bee searching for nectar, the
flower obey and undress.
like a touch of the wind when it
catches your hair.
When you are running on sunny
meadows, anyplace, anywhere.
like a baby bird with brittle wings.
Unsafe and scared she fumble and
stumble.
But when she reach the clouds, she
sings.
a feeling so clear and so pure.
If it comes from the heart my dear it
will endure.

WHO ARE YOU

Who are you?
I´m
What are you?
I´m the mountain you climb and the
rivers you cross. I´m high, I´m low,
and everywhere you go. I´m the tears
you weep when it´s hard to sleep. But
don´t worry my sheep, I will not let go.

A STORY FROM THE STREET

Words on a sheet…unfold
a story from the street…untold.
A sidewalk
look down don´t talk
look ahead…a shop full of bread
look aside…a poor man cried
no money in his cup…look up,
into the blue…listen, the birds are
singing for you.
Words on many sheets…unfold
and told… to many.
To poor… and those who have money.
So many words…and so little done,
give me some bread for my two barrel
gun.
A story from the street…give me meat!
Readers…your eyes are closed.
And you don´t hear a single word I say.
Ten where the lines…no more, no less.
How can you stay…in this mess.

PEACE IN MIND (a piece of art)

Peace in mind,
peace at heart.
Don´t let anyone,
tear it apart.
Peace in mind,
peace at heart.
Even a blind man,
can draw a chart.
peace in mind,
peace at heart.
Sleep my innocent child,
you canvas of fine art.
Tomorrow, a final touch.
Someone will buy, bye, bye.
Soon we will turn apart.
So thank you
for peace in mind, peace at heart.

THE END… or not.

Ge gärna ert stöd till:

Greenpeace
Rädda Barnen
UNHCR
UNICEF
Läkare utan gränser
och till
barn och ungdomar som har det svårt även
här hemma.

TACK!

Robert Vaszi

TRYCKSVÄRTA SOM NÄRING

en diktsamling av

Robert Vaszi

vap@comhem.se

http://web.comhem.se/vap.artgat

Om ni gillar livemusik så besök gärna:

Rockbåten M.S. Harmony i Helsingborg,
The Tivoli eller Charles Dickens, även de
finns i Helsingborg.

Stöd Helsingborgs musik, konst och kulturliv.